라이프

LIFE

Copyright © Paulo Coelho and Forlagshuset Bazar AS, 2004
www.paulocoelho.com
© Bookhouse Publishers Co., Ltd. 2012
ISBN: 978-89-5605-573-2
All Rights Reserved.

Original idea by Forlagshuset Bazar AS, Oslo, Norway
Text selection and editing: Marcia Botelho
Korean translation: © Bookhouse Publishers Co., Ltd. 2012
Illustrations: © Anne Kristin Hagesaether
Photo of the author: © Xavier González & Boris Buzin
Graphic Designer: Lene Stangebye Geving

Published in agreement with
Sant Jordi Associados Agencia Literaria, S.L.U., Spain
through Sibylle Books Literary Agency, Seoul
www.santjordi-associados.com

이 책의 한국어판 저작권은 시빌에이전시와 스페인 산트 조르디 에이전시를 통해
저자와 독점 계약한 (주)북하우스에 있습니다. 저작권법에 의해 한국 내에서
보호를 받는 저작물이므로 무단 전재 및 무단 복제를 금합니다.

PAULO COELHO

LIFE

파울로 코엘료 지음 | **마르시아 보텔료** 엮음 | 이수영 옮김

북하우스

옮긴이 주
* 이 책 『라이프』는 'LIFE' 영문판을 옮긴 것으로, 발췌문이라는 성격을 고려하여 번역하였습니다. 따라서 파울로 코엘료의 기존 한국어판 작품과는 내용이나 표현이 다소 다를 수 있습니다.
* 영문판의 'God/god'은 '신(神)'으로 옮겼으나, 기독교적 색채가 짙은 이야기에서 사용된 영단어 'Lord'는 '주님'으로 옮겼습니다.

The Dream 꿈

The Path 길

Love 사랑

Chance 기회

The Journey 여행

Destiny 운명

The Good Fight 선한 싸움

The Mystery 신비

The Dream
꿈

당신이 꿈에 더 가까이 다가갈수록
'자아의 신화'*는 더욱 더
당신이 살아가는 진정한 이유가 됩니다.

연금술사

★ **자아의 신화** 파울로 코엘료의 대표작 『연금술사』를 아우르는 주요 테마이다. 코엘료는 우리들이 진정 원하는 꿈을 좇아가며 주어진 소명을 다할 때, 한낱 납덩이에 불과한 우리를 금덩이로 변화시키는 인생의 연금술, '자아의 신화'를 이룰 수 있다고 이야기한다.

당신이 무엇인가를 간절히 원할 때,
온 우주는 당신의 소망이 이루어지도록 도와줍니다.

연금술사

꿈의 실현을 막는 것은 오로지 하나.
실패에 대한 두려움입니다.

연금술사

행복은 때때로는 은총처럼 내려오지만
대부분의 경우는 쟁취해야 합니다.
매일 다가오는 마법의 순간은 우리를 변화시키며
꿈을 찾아 나서도록 우리를 떠나보냅니다.

피에트라 강가에서 나는 울었네

탐험은 언제나 '초심자의 행운'으로 시작하여
'가혹한 시험'으로 끝이 납니다.

연금술사

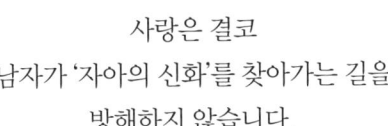

사랑은 결코
남자가 '자아의 신화'를 찾아가는 길을
방해하지 않습니다.

연금술사

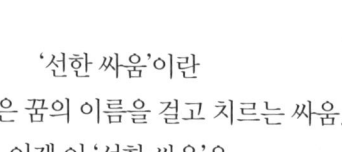

'선한 싸움'이란
우리가 품은 꿈의 이름을 걸고 치르는 싸움.
이제 이 '선한 싸움'은
우리의 내면에서 일어납니다.

순례자

삶이라는 강을 멈추게 하는 것은
때때로는 불가능합니다.

연금술사

우리가 모두 같은 방법으로
꿈을 꿀 수는 없습니다.

연금술사

기쁨을 추구하는 것이
고통을 필요로 하는 것보다 더 중요합니다.

11분

감정은 야생마와 같은 것.
우리를 앞으로 나아가게 하는 것은
구구절절한 설명이 아니라
멈추지 않겠다는 우리의 의지입니다.

브리다

고통에 대한 두려움은 고통 그 자체보다 나쁩니다.
꿈을 찾아 나선 가슴이
고통을 받은 일은 없었습니다.

연금술사

살면서 치르는 싸움은 언제나
우리에게 교훈을 줍니다.
우리가 패배한 싸움마저도 그렇습니다.

다섯 번째 산

음식이 몸을 살찌우듯이
꿈은 영혼을 풍요롭게 합니다.
탐험과 모험이 주는 기쁨이
우리의 꿈을 키워갑니다.

순례자

패배는 분명히 존재하지만, 고통은 그렇지 않습니다.
진정한 전사는 싸움에 지더라도
검을 휘두르는 기술이 나아졌음을 깨닫습니다.
다음에 그는 더 능란하게 싸우게 될 것입니다.

피에트라 강가에서 나는 울었네

꿈을 이룰 수 있다는 바로 그 가능성 때문에
삶은 흥미롭습니다.

연금술사

용기를 내어 꿈을 꾸고,
그 꿈을 이루기 위해 위험을 마다 않는 사람들에 의해
세상은 움직입니다.
자신의 고유한 재능에 걸맞은 꿈을 꾸는 그런 사람들 말입니다.

발키리스

자신의 과거가 불만이라면
지금 바로 그 과거를 잊으세요.
새로운 삶을 상상하고
그 삶이 현실임을 진정으로 믿으세요.
바라던 것을 이루어냈던 그 순간에 온 정신을 집중한다면,
힘이 솟아나 원하는 것을 얻게 될 것입니다.

다섯 번째 산

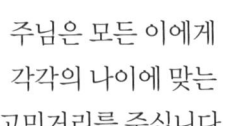

주님은 모든 이에게
각각의 나이에 맞는
고민거리를 주십니다.

다섯 번째 산

우리가 꿈을 죽이고 있다는 첫 번째 징조는
시간의 부족입니다.
우리의 꿈이 죽어 있다는 두 번째 징조는
확실성입니다.
우리의 꿈이 죽어 있다는 세 번째 징조는
평화입니다.

순례자

육체와 영혼은 새로운 도전이 필요합니다.

빛의 전사를 위한 안내서

무엇을 원한다는 것은
모험을 거는 것임을 깨달아야 합니다.
그러나 바로 그렇기 때문에 삶은 흥미로운 것입니다.

순례자

스스로에게 관대해지는 것이
꿈을 구할 수 있는 유일한 길입니다.

순례자

어떤 문제에 맞서기로 결정한 순간,
사람들은 생각보다는 자신이
훨씬 더 유능하다는 것을 깨닫게 됩니다.

오 자히르

일 년 365일, 하루도 빼놓지 않고
나는 모든 사람들과 모든 것들을
마치 처음 보는 것처럼 대하렵니다.
소소한 것들이라면 더욱 더.

단상 – '마치 처음인 것처럼'

온 우주가 힘을 모아
우리의 꿈을 실현시켜준다고 하여
전혀 쓸모없는 도전에 나서는 것은
어리석은 일입니다.

단상 – '맹인과 에베레스트'

당신의 '재능'을 찾아 떠나십시오.
당신이 스스로를 더 잘 이해할수록,
당신은 세상을 더 잘 이해할 수 있게 될 것입니다.

브리다

탐험의 매 순간이
만남의 순간입니다.

연금술사

가슴을 열고
마음이 하는 이야기에 귀 기울여봐요.
꿈을 따르세요.
스스로가 부끄럽지 않은 사람만이
조물주의 영광을 세상에 드러낼 수 있답니다.

발키리스

우리는 모두 성장하며 변화합니다.
바로잡아야 할 약점들이 눈에 띌 때
최선의 해결책을 항상 선택하지는 못하지만
우리는 굴하지 않고 계속해서 나아갑니다.

오 자히르

우리가 대담하게 사랑을 구하면
사랑은 스스로 모습을 드러내며,
더 많은 사랑이 다가옵니다.
한 사람이 우리를 사랑하면, 모든 사람이 우리를
사랑하게 됩니다.

피에트라 강가에서 나는 울었네

우리는 스스로를 가두려 합니다.
자유가 경계도 책임도 없는 것이라는
생각에 젖어 있기 때문입니다.

단상 – '마음 깊은 곳에서'

일어날 일은 반드시 일어납니다.
필연을 극복하기 위해서는 인내를 가지고 단련해야 합니다.
희망도 품어야겠죠.
중요한 것은 미래에 희망을 거는 것이 아니라
우리 자신의 과거를 새롭게 창조하는 것입니다.

다섯 번째 산

삶은 단순한 것들로 이루어져 있다.
자신이 잘 알지 못하겠는 무언가를
찾아 헤매는 것에
그녀는 염증이 난 상태였다.

11분

빛의 전사는 해묵은 슬픔에 눈물을 흘리는 것도
새로운 발견에 기뻐하는 것도 두려워하지 않습니다.
때가 왔다고 느끼면 모든 것을 내려놓고
오랫동안 꿈꾸어온 모험의 길을 떠납니다.

빛의 전사를 위한 안내서

무언가를 이루고 싶다면
활짝 뜬 두 눈으로 주위를 살피고,
집중하며,
당신이 정확히 무엇을 원하는지
파악하도록 하세요.
눈을 감고 과녁을 맞힐 수는 없으니까요.

악마와 미스 프램

천사들은
빛을 받아들이고, 어둠과 맺은 계약을 깬 사람들에게 보입니다.

발키리스

The Path
길

사람이 살아가는 데 있어 취할 수 있는 태도에는
두 가지가 있습니다.
첫째는 건물을 세우듯 삶을 꾸리는 태도입니다.
건물은 오랜 시간이 걸리더라도
결국 완성되게 마련이며, 그날이 오면
건물을 세운 사람은 자기가 지은 벽에 갇혀 삶을 멈추게 됩니다.
건물이 완성되면 삶의 의미가 사라지기 때문입니다.
반면, 정원을 가꾸듯 삶을 사는 태도를 취하면
폭풍우와 사계절의 변화에 시달려 쉴 새가 없습니다.
건물과 달리 정원의 식물은 성장을 멈추지 않기 때문에
정원사의 보살핌을 끊임없이 요구하며
정원사의 삶을 멋진 모험으로 이끌어줍니다.

브리다

전사라면
자신의 길이 옳다고 믿기 위해
다른 사람의 길이 잘못 되었다는 것을
입증할 필요는 없습니다.

빛의 전사를 위한 안내서

우리 모두는
한 발은 아름다운 환상 속에,
다른 한 발은 끔찍한 혼돈 속에 담근 채
매 순간을 살아갑니다.

11분

하나의 길을 선택하기 위해서는
다른 길을 포기해야 합니다.
당신 앞에 펼쳐지는 모든 길을 걸으려 한다면
결국에는 아무 길도 가지 못하게 됩니다.

브리다

목표에 도달하기 위해서는 표지를 따라야 합니다.
신은 우리 개개인이 가야 하는 길을
세상에 새겨놓았습니다.
우리는 신이 준비해놓은 그 표식을
찾아 읽기만 하면 됩니다.

연금술사

자신에게 필요한 것을 탐구할 때
전사는 결코 두려움에 굴복하지 않습니다.
사랑 없이는, 그는 아무것도 아니기 때문입니다.

빛의 전사를 위한 안내서

목표를 향해 나아갈 때
앞만 보며 걷지 말고, 밟고 있는 길도 꼭 살펴보세요.
길은 목표에 도달하기 위한
가장 좋은 방법을 가르쳐주며
우리 여행자의 삶을 풍요롭게 해준답니다.

순례자

도전은 기다려주지 않습니다.
삶은 뒤를 돌아보지 않습니다.
우리를 기다리는 운명을 받아들일지 말지 결정하는 데
일주일의 시간이면 차고 넘칩니다.

악마와 미스 프랭

당신의 보물이 있는 곳에 당신의 마음이 있습니다.
만물을 이해하기 위해서는
반드시 당신의 보물을 찾아야 합니다.

연금술사

우리는
실제로 존재하지 않는 것들은 잘 보면서도
눈앞에 살아 있는 훌륭한 교훈은 외면하기 일쑤입니다.

순례자

삶에서 중요한 것을 한 가지 찾았다고 해서
다른 것을 모두 포기할 필요는 없습니다.

브리다

덧없는 속세의 영광에 기초하여
우리의 삶을 평가할 수는 없습니다.
우리의 삶은
우리가 한 선택, 즉
자아의 신화를 좇겠다는,
이상향의 존재를 믿겠다는,
그리고 꿈을 이루기 위해 싸우겠다는
바로 그 선택에 의해
평가되어야 합니다.
우리 모두는 자기 삶의 주인공입니다.
이름 모를 평범한 영웅들이 종종
세상에 매우 뚜렷한 흔적을 남기고 갑니다.

'브라질 문학 아카데미' 연설문

올바른 선택을 하는 유일한 방법은
무엇이 잘못된 선택인지 알아보고,
두려움 없이 다른 길을 살펴본 후,
반드시 그렇게 한 후에만 결정을 내리는 것입니다.

순례자

수확을 미루면 열매는 썩어 사라지지만
문제의 해결을 미루면 그 문제는
계속 커지기만 합니다.

다섯 번째 산

빛의 전사는 전투를 시작하기 전에
가슴을 열고
용기를 달라고 신께 간청합니다.

빛의 전사를 위한 안내서

어느 하루도 여느 날과 같은 날은 없습니다.
모든 내일이 그날만의 소중한 기적을 행하며,
낡은 우주가 사라지고 새로운 별들이 총총 뜨는
마법 같은 순간을 피워냅니다.

피에트라 강가에서 나는 울었네

자기 자신의 '길'을 정의하는 것은
더더욱 어렵습니다.
선택을 하지 않는 사람은
계속 숨을 쉬고
거리를 걸어 돌아다닐지언정
주님의 눈에는 죽은 자입니다.
사람은 선택을 해야 하는 존재.
그래서 강합니다.
결정의 힘은 강합니다.

다섯 번째 산

사랑했던 남자들을 하나씩 잃었을 때,
나는 아팠습니다.
그러나 이제는 압니다.
내가 아무도 잃지 않았다는 것을…….
사람이 사람을 소유할 수는 없기 때문입니다.
소유하지 않고도
세상에서 가장 소중한 것을 지니는 것,
그것이야말로
진정한 자유의 경험입니다.

11분

아직 당신 손에 들어오지 않은 것을 주겠다고
다른 사람에게 약속한다면,
그것을 손에 넣고자 하는 의지가 사라질 것입니다.

연금술사

기억하세요.
겸손한 사람들에게는
거만하게 대하지 않고
거만한 사람들에게는
겸손하게 대하지 않아야 한다는 것을.

단상 – '오만에 대한 이야기들'

온전하게 살기 위해서는
항상 움직여야 합니다.
그렇게 해야
매일 매일이 새롭습니다.

오 자히르

살다보면
직관을 무조건 따라야 하는 순간이 있습니다.

오 자히르

그날은 옵니다.
두드리는 자에게 문이 열리고,
구하는 자가 얻으며,
눈물을 흘리는 자가 위로를 받는,
그런 날이 옵니다.

발키리스

산 정상은 당신이 생각하는 것보다는
언제나 더 멀리 있습니다.
가까워 보이는 것이 사실은 매우 멀리 떨어져 있는 경우를
적어도 한 번은 겪게 됩니다.

단상 – '등산 안내서'

지극히 단순한 것이
가장 비범하기도 합니다.
하지만 오직 현명한 사람만이 그것을 알아봅니다.

연금술사

극한 위협에 직면하면
주위를 둘러보기가 매우 어렵습니다.
그 상황에서 취할 수 있는
가장 안전하고 분별 있는 행동임에도 말이지요.

단상 – '어두운 터널의 끝에서'

승리는 자신감을 줄지언정,
짊어져야 할 부담이 되어서는 안 됩니다.

단상 – '승리하기 위해 단련할 때'

잃은 것을 되찾는 맛은
달콤하기 그지없는 꿀맛입니다.

오 자히르

도(道)를 따르는 자는
소소하고 미약한 모든 것을 존중합니다.
필요한 태도를 취해야 할 순간을
제 때 지각하는 법을 배우십시오.

빛의 전사를 위한 안내서

의심이 사라졌다는 것은
앞으로 나아가기를 멈췄다는 뜻입니다.

브리다

어떤 것이 끝에 이른 것을
아는 것은 언제나 중요합니다.
한 주기를 마감했다, 문을 닫았다, 또는
한 장(章)을 끝냈다……
어떻게 표현하는지는 중요하지 않습니다.
진정 중요한 것은 삶의 종결된 순간을
과거 속에 묻고 앞으로 나아가는 것입니다.

오 자히르

우리가 품은 열망을 순순히 받아들일 때
우리가 진정 누구인지 알 수 있습니다.

브리다

우리가 취하는 태도가 삶의 내용을 결정합니다.
신들이 우리에게 강제로 경험하게 하는
특정한 일들이 있습니다.
신들이 그렇게 하는 이유는 중요하지 않습니다.
그리고 그것을 피하기 위해
할 수 있는 모든 일을 하려는 것도 의미가 없습니다.

다섯 번째 산

Love
사랑

사랑을 할 때는
밖에서 일어나는 일을 이해할 필요가 없습니다.
왜냐하면 모든 일이
우리 안에서 일어나기 시작하기 때문입니다.

연금술사

빛의 전사는 사랑이 필요합니다.
사랑과 애정이 그의 본성입니다.
빛의 전사는 외로움을 이용할지언정,
외로움에 지배되지는 않습니다.

빛의 전사를 위한 안내서

사랑이란
같은 산을 서로 다른 각도에서 바라보는 것입니다.

발키리스

태초에 시간이 열린 이후로
사람들은 눈동자에 떠오른 빛을 보고
천생연분을 알아보았습니다.

브리다

빛의 전사에게
불가능한 사랑은 없습니다.
빛의 전사는 침묵이나 무관심, 거절 따위를
두려워하지도 않습니다.
사람들이 가리고 있는 얼음 같은 가면 밑에는
불같이 뜨겁게 펄떡이는 심장이 있다는 것을
알기 때문입니다.

빛의 전사를 위한 안내서

사랑이 쌓이면 행운이 오지만,
미움이 쌓이면 재앙이 옵니다.

빛의 전사를 위한 안내서

사랑을 다른 사람에게서 찾으려 하지 마세요.
사랑은 우리 안에 있습니다. 깨우기만 하면 됩니다.
그러나 그러기 위해서는 다른 사람이 필요합니다.

11분

연약함을 드러내길 마다하지 않는 사랑,
그것이 가장 강한 사랑입니다.

11분

사랑에 빠진 사람은 이미 세상을 정복하였기에
무엇을 잃을까 두려워하지 않습니다.
진정한 사랑은 온전히 자신을 내어 주는 행위입니다.

피에트라 강가에서 나는 울었네

우리가 사랑을 찾아 떠나는 순간,
사랑 또한 우리를 찾아 떠납니다.
그리고 우리를 구해줍니다.

피에트라 강가에서 나는 울었네

물을 품고 있기만 하는 연못이 아니라
넘쳐 흐르는 샘이 되십시오.

베로니카, 죽기로 결심하다

감정을 설명하려 들지 말아요.
모든 것을 한껏 느끼며 살아요.
당신이 느끼는 감정은 신이 주신 선물입니다.
소중히 여기세요.

브리다

가끔은 하나의 하찮은 사건으로 인해
아름다운 모든 것들이
초조의 순간으로 변하는 때가 있습니다.
우리는 눈 안의 작은 티끌에 연연하여
우리 앞에 펼쳐진 산과 들판, 올리브 나무를
놓쳐버립니다.

피에트라 강가에서 나는 울었네

신은 사랑이며, 관용이며, 용서라는 것을
우리가 진심으로 믿는다면,
나약함에 무기력해지는 일은
결코 없을 것입니다.

발키리스

우리가 언제나 간절하게 원해왔던 것을 향해 여행을 떠날 때,
슬픔은 오래 가지 않습니다.

다섯 번째 산

사랑을 하면
모든 것이 더 잘 이해됩니다.

연금술사

모든 것이 허용되더라도,
사랑이 실현되는 것을 방해하는 것만큼은 예외입니다.

순례자

'사랑'을 '약함'과 동일시하여
반어법과 무관심의 옷을 입고
자신의 친절한 마음을
숨기는 사람들이 있습니다.

단상 – '존재하지 않는 일기를 위한 메모'

미움의 에너지는 아무것도 이루어주지 않습니다.
하지만 용서의 에너지는
사랑을 통해 모습을 드러내며
당신의 삶을 긍정적으로 바꾸어놓을 것입니다.

오 자히르

최악의 고난을 겪을 때마다
친구들이 생겼습니다.
그래서 이제 나는
기다리지 않고 도움을 청합니다.

단상 – '위기와 그 함정'

인간의 사랑을 이해하지 못한 채
신의 사랑을 갈망할 수는 없습니다.

다섯 번째 산

사랑은 덫투성이.
빛을 통해서만 모습을 드러낼 뿐
그 빛 아래 드리워진 그림자는 보여주지 않습니다.

피에트라 강가에서 나는 울었네

인간은 자기의 가장 좋은 모습만을
보여주려는 성향이 있습니다.
언제나 타인의 사랑과 칭찬을
좇기 때문입니다.

오 자히르

빛의 전사는 열정을 가슴에 품고 한껏 즐깁니다.
그는 정복의 기쁨을 포기할 필요가 없음을 압니다.
정복의 기쁨은 삶의 한 부분이며
그 여정에 참여하는 모든 이에게
환희를 선사하기 때문입니다.

빛의 전사를 위한 안내서

사랑은 언제나 새롭습니다.
사랑을 몇 번 했든지간에
한 번, 두 번 아니 열 번이든 상관없이
우리는 또다시
낯선 상황에 마주치게 될 것입니다.

피에트라 강가에서 나는 울었네

많은 사람들이 사랑이라 부르는 에너지는
사실은 우주 만물의 원재료입니다.
인위적으로 조종되지 않으며
우리를 부드럽게 앞으로 이끌어주는 이 에너지에
우리가 살면서 배워야 할 모든 것이 담겨 있습니다.

오 자히르

사랑은 모든 신비를 이해하는 열쇠입니다.

브리다

흙은 씨앗이 필요하고,
씨앗은 흙이 필요합니다.
홀로는 아무것도 아니며
함께 해야 비로소 의미를 지닙니다.
사람도 마찬가지.
남성적 힘인 지식이 여성적 힘인 변화를 만나면,
'지혜'라 불리는 위대한 결합이
마법처럼 탄생합니다.

브리다

사랑이란
다른 누군가와 함께 이 세상을 나누는 것을 의미합니다.

발키리스

시간이 동튼 순간부터
사람들은 사랑을 통해서
우주 만물을 이해하려 했습니다.

브리다

모든 것이 이야기되고 다시 이야기되며
수없이 반복될 때,
그녀 때문에 내가 들렀던 장소들,
내가 경험해왔던 것들, 내가 내딛었던 걸음들이
모두 아득한 추억으로 변할 때,
그때는 오직 순수한 사랑만이 남아 있을 것입니다.

오 자히르

사랑에 빠진 사람은 자기 자신을 버리는 법, 그리고
자기 자신을 다시 거두는 법을 알아야 합니다.

피에트라 강가에서 나는 울었네

세상에 존재하는 유일한 죄가 '사랑의 결핍'입니다.
용감해지세요. 사랑하세요.
끔찍하고 믿을 수 없는 것이 사랑인 것 같더라도…….
사랑 안에서 기쁨을 찾으세요. 승리 안에서 기쁨을 누리세요.
가슴의 소리에 따르세요.

발키리스

Chance
기회

이 세상에는 어디에나
사막 한가운데서도, 대도시의 한복판에서도
누군가를 기다리고 있는 사람이 언제나 있습니다.
서로를 스쳐 지나가던
그 두 사람의 눈이 마주치면
과거와 미래는 의미를 잃으며
오로지 '그 순간'이 존재하게 됩니다.
태양 아래 존재하는 모든 것을
하나의 손이 창조했다는 확신,
사랑을 일깨우며
태양 아래에서 일하고, 쉬고, 보물을 찾는 모든 이에게
영혼의 짝을 지어주는 그 위대한 손이 창조했다는
경이로운 확신만이 존재하게 됩니다.
이러한 운명적 만남이 없다면
우리 인간이 꾸는 꿈은 아무런 의미가 없을 것입니다.

마크툽

삶을 다시 일으켜 세우는 것은 어렵지 않습니다.
예전과 같은 힘이 우리에게 있다는 사실을 깨닫고
우리 자신을 위해 사용하기만 하면 됩니다.

다섯 번째 산

행운이 우리 편에 있을 때
우리는 행운을 최대한 활용해야 합니다.
우리를 도와주는 행운을
최선을 다해 거들어야 합니다.

연금술사

우리가 힘겨운 위기를 겪은 다음에야
삶은 자신의 가장 찬란한 모습을 드러냅니다.

11분

빛의 전사는 자신의 소망을 포기하지 않습니다.
그러나 적절한 때를 기다려야 한다는 것을 알고 있습니다.

빛의 전사를 위한 안내서

신은
뿌리가 아닌 열매로
나무를 평가합니다.

빛의 전사를 위한 안내서

삶을 찾는 사람만이
보물을 찾습니다.

연금술사

고통이란 이름의 컵은
사람에 따라 크기가 달라집니다.

빛의 전사를 위한 안내서

신은
헤아릴 수 없는 지혜로움으로
'지옥'을 '낙원' 속에 숨겨두어
우리를 늘 깨어 있게 합니다.

피에트라 강가에서 나는 울었네

길을 따라 걷기 시작한 순간,
빛의 전사는 운명의 '길'을 알아봅니다.
돌멩이 하나하나, 굽이치는 길 구석구석이
큰 소리로 그를 환영합니다.
그는 산봉우리와 시냇물에서 동질감을 느끼고
들판의 수풀과 짐승, 새들에게서
자신의 영혼을 언뜻 봅니다.
그리고 그는 신의 도움과 신이 내린 표지에 힘입어
'자아의 신화'의 이끌림을 따라
삶이 그를 위해 예비해둔 과업을 향해 나아갑니다.

빛의 전사를 위한 안내서

전사는 패배를 받아들입니다.
패배를 무시하지도 않고
승리인 척 애써 포장하지도 않습니다.

다섯 번째 산

비밀은 현재에 존재합니다.
당신이 현재에 주의를 기울이면
현재를 개선할 수 있습니다.
당신이 현재를 개선하면
그 이후에 일어나는 모든 일 또한 나아질 것입니다.
하루하루의 순간 속에 '영겁의 세월'이 깃들어 있습니다.

연금술사

그녀는 행복하지도, 불행하지도 않다고 했다.
그래서 더 이상 견딜 수 없다고 했다.
사람들은 모두 자신이 감당할 수 있는 고통의 깊이를 안다.
자신의 삶에 아무 의미가 없다는 것을 안다.

베로니카, 죽기로 결심하다.

높은 곳에서 보면 모든 것들이 아주 작아 보입니다.
우리의 영광도 슬픔도
더 이상 중요하지 않습니다.
우리가 얻은 것도, 잃은 것도
모두 저 아래에 남기고 왔습니다.
산 위에서 보면
세상이 크고도 크다는 것을,
지평선이 넓고도 넓다는 것을
알 수 있습니다.

다섯 번째 산

빛의 전사들은 자주 스스로에게 질문합니다.
자기들이 왜 여기에 있는지를.
그리고 아주 자주 믿기도 합니다.
자신의 삶에 아무런 의미가 없다고.
그렇기 때문에 그들은 빛의 전사입니다.
실수를 하고,
질문을 하고,
삶의 의미를 찾으려고 끊임없이 애쓰기에
그들은 빛의 전사입니다.
그리고 결국에는
의미를 찾게 됩니다.

빛의 전사를 위한 안내서

전혀 예상치 못한 순간에
삶은 우리를 난관에 봉착시켜
우리에게 용기와 변화를 향한 의지가 있는지 시험합니다.

악마와 미스 프랭

내가 잘못된 결정을 내리려 한다고
사방에서 신호를 보냅니다.
하지만, 실수를 하는 것도 삶의 한 부분 아닐까요.
세상은 대체 내게 무엇을 바라는 것일까요?
내가 위험을 무릅쓰지 않기를,
삶에 대해 "예스!"라고 말할 용기가 없어
원래의 자리로 돌아가기를
바라는 것일까요?

11분

너무 서둘러 행동하는 것과
기회가 그냥 지나가도록 내버려두는 것,
당신이 가장 경계해야 하는 전술적 실수입니다.

단상 – '모순의 수용'

거센 물살과 바람, 그리고 폭풍우가
내 앞을 가로막습니다.
하지만 나는 아랑곳않고 노를 젓습니다.
너무나 지쳤지만,
예상 항로에서 벗어나버렸고
목적지 섬이 더 이상 보이지 않는다는 것을 알지만,
나는 뱃머리를 돌릴 수 없습니다.

오 자히르

내 삶의 의미는
바로 내 자신이 선택한 것임을 깨달았을 때
살고자 하는 엄청난 의지가 다시 샘솟았습니다.

다섯 번째 산

우리는 빛의 전사입니다.
사랑과 의지의 힘으로
우리는 우리 자신의 운명뿐 아니라
다른 많은 사람들의 운명도 바꿀 수 있습니다.

발키리스

삶의 매 순간에는
일어날 수도 있었지만 결국은 일어나지 않은 일이
있게 마련입니다.
아무도 눈치채지 못하는 찰나에
마법의 순간이 사라지면
운명의 손길은 순식간에 세상을 바꾸어버립니다.

피에트라 강가에서 나는 울었네

와인을 시도해보기를 권합니다.
어떤 와인은 한 모금만, 어떤 와인은 한 병을
모두 들이켜보세요.
서로 다른 와인을 어떻게 구별할까요?
맛으로 알 수 있겠지요.
상한 와인을 마셔본 사람만이
훌륭한 와인을 알아볼 수 있답니다.

브리다

자신의 길을 이미 찾은 사람은 두려워하지 마세요.
길을 잃어도 괜찮다는 용기를 가져야 합니다.
실망과 패배, 좌절은
우리에게 길을 보여주기 위해서
신이 사용하는 수단입니다.

브리다

우리가 배워야 할 모든 것들은
언제나 우리 앞에 있습니다.
신이 우리를 어디로 인도하는지,
우리가 어떤 행동을 취해야 할지 알고 싶다면
경건한 마음으로 주의를 기울여 주위를 살펴보기만 하면 됩니다.

오 자히르

물속에 뛰어든다고 하여
죽는 것은 아닙니다.
물속에 계속 빠져 있어야
죽게 되는 것입니다.

빛의 전사를 위한 안내서

두려움을 이겨낼 수만 있다면,
답을 찾아가는 과정은 답의 발견만큼이나
흥미로울 수 있습니다.

브리다

폭풍우는 정원을 덮치기 전에 가냘프게나마 신호를 보냅니다.
하지만 우리는 게으름을 피우며 무시하고 맙니다.

단상 – '위기와 그 함정'

The Journey
여행

인간이 지혜만을 좇기 위해 태어난 것은 아닙니다.
땅을 일구고, 비를 기다리며,
밀을 심어 낱알을 수확하고, 빵을 만들기 위해서도
태어났습니다.

11분

빛의 전사는
자신의 욕망을 선택할 수 있다는 것을 알고 있습니다.
그는 용기를 가지고, 무심하게,
때로는 광기를 살짝 더해
선택의 결정을 내립니다.

빛의 전사를 위한 안내서

하루하루가 똑같이 느껴진다면
그것은 우리가 삶에 나타나는 좋은 것들을
더 이상 눈여겨보지 않기 때문일 것입니다.

연금술사

세상에 존재하는 모든 것들은
끊임없이 변하고 있습니다.
왜냐하면 '지구'는 살아 있고 '영혼'을 가지고 있기 때문입니다.

연금술사

우리는 모두 자신만의 세계에 살고 있습니다.
하지만 별이 총총한 밤하늘을 바라보면,
다양한 세계가 모두 하나가 되어
별자리와 태양계, 은하계를 이루고 있는 모습이 보일 것입니다.

베로니카, 죽기로 결심하다

살다보면, 자제력을 잃는 것이
유일한 선택인 순간이 있습니다.

브리다

빛의 전사가 꿈을 이루기 위해서는
강한 의지와 함께
받아들임의 거대한 능력이 필요합니다.

빛의 전사를 위한 안내서

꿈을 향한 깊은 헌신은
우리를 가두거나 속박하지 않고
오히려 자유롭게 합니다.
구불구불 거친 길이라도
끝까지 따라가기만 한다면
원하는 목표로 이끌어줄 수 있습니다.

마크톱

되돌아 갈 수 없다면
앞으로 나아가는 최선의 방법만을
생각해야 할 것입니다.

연금술사

"어떻게" 또는 "어디에" 등의 질문은 할 필요가 없습니다.
그보다는, 새로운 일을 시작할 때마다
반드시 물어봐야 하는 질문이 있습니다.
그것은 "내가 왜 이 일을 하는가?"입니다.

발키리스

빛의 전사는 결정을 내립니다.
그의 영혼은 하늘에 떠 있는 구름처럼 자유롭지만,
그는 꿈을 이루는 데 전념합니다.

빛의 전사를 위한 안내서

사람은 자신의 운명을 받아들이는 데 그치지 않고,
선택해야 합니다.

다섯 번째 산

우리는 꿈과 이상을 찾아서
세상으로 향합니다.
우리는 종종 손닿을 만큼 가까운 데 있는 것을
접근이 어려운 곳으로 일부러 옮겨놓기도 합니다.

마크톱

위험을 감수하는 것,
어떤 길들은 계속 따라가고 다른 길들은 포기하는 것은
반드시 필요합니다.
두려움을 느끼지 않으면서 선택할 수 있는 사람은
아무도 없습니다.

브리다

운명을 찾아 헤매다보면
방향을 바꾸어야 한다는 것을
우리는 종종 발견하곤 합니다.

다섯 번째 산

고통은, 두려움 없이 맞설 수만 있다면,
자유로 가는 최고의 통행증입니다.

11분

삶의 매일 매일이 캄캄한 밤입니다.
한치 앞의 일을 모르면서도
사람들은 여전히 앞으로 나아갑니다.
믿음이 있기에.
신념이 있기에.

브리다

전사의 진정한 동반자들은
어려울 때나 편안할 때나
항상 전사의 옆에 머무릅니다.

단상 – '전사의 선택'

바람이나 조수, 원자의 에너지를 활용하듯
사랑의 에너지를 사용할 수 있게 되어야만
역사는 바뀔 것입니다.

오 자히르

같은 산도 보는 각도에 따라
다르게 보입니다.
모든 창조물이 그렇습니다.
하나의 신이 가진,
여러 얼굴이랍니다.

다섯 번째 산

위험을 감수해야만 하는 순간,
미친 짓을 해야 하는 순간이 있습니다.

피에트라 강가에서 나는 울었네

모든 것은 우리 주위의 소리에 깃들어 있습니다.
인간의 과거, 현재, 미래도 그렇습니다.
그 소리를 들을 줄 모르는 사람은
삶이 매 순간 전하는 충고를 듣지 못합니다.
현재의 소리에 귀를 기울이는 사람만이
올바른 결정을 내릴 수 있습니다.

순례자

실수로 인해 세상은 움직이기 시작했습니다.
실수를 두려워하지 마십시오.

브리다

교훈은
언제나 당신이 받아들일 준비가 되어 있을 때 찾아옵니다.
당신이 그 표지를 읽을 수 있다면
다음 걸음을 내딛기 위해 알아야 할
모든 것을 배우게 될 것입니다.

오 자히르

약속만 하고 지키지 못하는 사람들은
힘을 잃고 좌절하게 됩니다.
그리고 그와 같은 운명이
그 약속에 매달리는 사람들을 기다리고 있습니다.

악마와 미스 프랭

용기는 두려움의 부재가 아니라
두려움에 정신을 잃지 않도록
자신을 추스르는 능력을 뜻합니다.

단상 – '하가쿠레와 사무라이의 길'

'만물의 언어'를 이해하고자 하는 사람들에게
가장 중요한 덕목은 용기입니다.

연금술사

고난을 겪으며 배운 좋은 것들을
기억 속에 평생 간직하세요.
또 다른 장애가 당신을 덮칠 때
그 기억은 당신의 능력을 증명하며
자신감을 선사할 것입니다.

빛의 전사를 위한 안내서

Destiny
운명

때때로는 눈에 띄지 않지만
때때로는 매우 뚜렷이 보이기도 하는 표지들.
그런 표지들은 우리 주위 어디에나 있습니다.
하지만 지도를 만들기 위해서는
표지를 주의 깊게 해석해야 합니다.

빛의 전사를 위한 안내서

삶이 당신에게 주는
모든 기회를 잡으세요.
기회란, 한번 사라지면
여간해선 다시 오지 않는답니다.

다섯 번째 산

일상적인 일을 처리하는 방식을 변화시키면
당신 안에 새로운 사람이 자라나게 됩니다.

순례자

거절당한 축복은 저주가 됩니다.

연금술사

사람이 맛볼 수 있는 가장 고귀한 경험은
'신비'를 받아들이는 것입니다.

브리다

삶은 매우 빠르게 움직입니다.
불과 몇 초 만에
우리를 천국에서 지옥으로 내쫓습니다.

11분

결정을 내리는 것은 시작에 불과합니다.
무언가를 결정한다는 것은
급류 속으로 뛰어드는 것과 같습니다.
전혀 예상하지 못했던 곳으로 데려갈 수도 있는
세찬 물결 속으로 뛰어드는 것과 같습니다.

연금술사

단 한 번의 기회라는 것은 없습니다.
주님은 우리가 사는 동안 많은 기회를 주십니다.

다섯 번째 산

때때로 신이 보내는 축복은
창문을 깨부수며 들이치기도 합니다.

브리다

다른 사람의 운명에 간섭하는 사람은
결코 자신의 운명을 찾지 못할 것입니다.

연금술사

내기와 약속은 천사와 함께 합니다.
아니, 악마와 함께일까요.

발키리스

모든 사람이 자기 삶에 책임을 지는 것.
바로 주님이 바라시는 일입니다.
그래서 주님은 흡족한 미소를 지으십니다.

다섯 번째 산

'선'과 '악'은 한 얼굴을 가지고 있습니다.
어떤 사람과 언제 길이 얽히는가에 따라
선이 되기도 하고 악이 되기도 합니다.

악마와 미스 프랭

매우 중요한 결정을 내려야 할 때는
우리의 충동과 열정을 신뢰하는 것이 가장 좋습니다.
대체로 이성은
아직은 때가 아니라며
우리를 꿈에서 떼어놓으려고 하기 때문입니다.
이성은 패배를 두려워하지만,
직관은 삶과, 그 안에서 일어나는 도전을 즐깁니다.

'브라질 문학 아카데미' 연설문

지구상에 사는 모든 인간에게는 재능이 있습니다.
재능이 스스로 모습을 나타내는 경우도 있지만,
대부분의 사람들은 노력해서 찾아내야 합니다.

피에트라 강가에서 나는 울었네

'재능'이라는 선물은,
그 선물을 받겠다고 결심한 사람의 것입니다.
믿음을 가지고 실수를 두려워하지만 않으면 됩니다.

피에트라 강가에서 나는 울었네

매일 보는 소소한 것들에 비밀이 있습니다.
일상에 젖어 그 비밀을 놓치는 일이 없도록 조심하세요.

순례자

고통을 마주하게 되면
좋은 말도 아무 의미가 없습니다.

다섯 번째 산

열정은
우리를 최후의 승리로 이끄는 힘입니다.

순례자

신은 문을 닫을 때
창문을 열어놓습니다.

단상 – '크리스마스 이야기: 낙원의 자리'

사막을 사랑할 수 있는지는 모르겠지만,
내 보물이 숨겨져 있는 곳이 바로 사막입니다.

연금술사

빛의 전사에게 '결과'란 없습니다.
'과정'만이 있을 따름입니다.
삶은 미지의 곳곳으로 전사를 이끌고,
그는 자신이 어디에서 왔는지, 어디로 가는지도 모르며
따라갑니다.
삶의 매 순간이 실로 흥미진진한 미스터리입니다.

빛의 전사를 위한 안내서

인간은 자기 운명의 주인,
실수를 저지를 자유가 있습니다.
그가 갈망하던 모든 것,
심지어 삶이 그에게 아낌없이 베푼 것조차
마음껏 저버릴 자유가 있습니다.

브리다

만물의 구석구석,
조물주의 손길이 닿지 않은 곳이 없습니다.

오 자히르

천사들만이 길을 보여줄 수 있기 때문에
천사들은 돌아왔습니다.
이제 우리는 천사의 말을 들어야 합니다.

발키리스

배는 항구에 있을 때 가장 안전하지만,
안전하게 있는 것이 배의 존재 이유는 아닙니다.

순례자

지구상의 모든 인간에게는
주인을 기다리는 보물이 있습니다.

연금술사

우리 모두는 주어진 과업에 대해 의심하고
때로는 포기마저 할 수 있는 권리가 있습니다.
하지만 과업 자체를
잊어서는 안 됩니다.

다섯 번째 산

우리는 믿음을 가지고 '어두운 밤'으로 뛰어듭니다.
고대 연금술사들이 '자아의 신화'라 부른 것을 성취하고,
매 순간에 우리 자신을 온전히 내맡깁니다.
우리를 이끌어주는 손이 우리 곁에 항상 있다는 것을
알기 때문이지요.
그 손을 잡을지 말지는 우리에게 달려 있습니다.

브리다

빛의 전사가 잘 곳이 없을 때도 있습니다.
불면증에 시달릴 때도 있습니다.
그럴 때마다 그는 생각합니다.
"원래 다 이런 거지. 낙담하지 말자.
이 길을 선택한 것은 바로 나니까."

빛의 전사를 위한 안내서

우리가 하는 모든 일에 대해
최선의 결정을 내릴 기회가
날마다 주어진다는 것을
나는 믿습니다.

오 자히르

The Good Fight
선한 싸움

'선한 싸움'을 할 때
공격하거나 도망치는 일은 있을 수 있지만,
두려움에 사로잡히는 일은 있을 수 없습니다.
마음이 원하기 때문에 싸우는 것이
'선한 싸움'이기 때문입니다.

순례자

누구도 좌절을 피할 수는 없습니다.
하지만 꿈을 위한 싸움에서
왜 싸워야 하는지조차 모르는 채 좌절하는 것보다는
몇 번을 지더라도 싸우는 것이 훨씬 더 낫습니다.

피에트라 강가에서 나는 울었네

섬처럼 홀로 존재하는 사람은 없습니다.
선한 싸움을 하기 위해서는 도움이 필요합니다.

순례자

꿈을 포기하면 우리는 평화를 찾고
잠시나마 평온함을 즐깁니다.
그러나 죽어버린 꿈은 우리 안에서 썩기 시작하여
우리가 살고 있는 모든 환경을 오염시킵니다.
'싸움'에서 만날까봐 두려워 피했던 실망과 패배가
우리의 비겁함이 남긴 결과로 그 모습을 드러내는 것입니다.

순례자

영적인 길을 좇는 사람이 갖춰야 하는 최우선의 덕목은
'용기'입니다.

발키리스

아무리 멀리 왔다 해도
긴장을 풀지 않는 것이 중요합니다.

연금술사

지혜를 보여주는 것으로 충분할 때에
용기까지 보이려 하지는 마십시오.

순례자

시험은 우리가 상상한 것보다 더 어려울 수 있습니다.
하지만 배우기 위해서 시험은 꼭 필요합니다.
또한 시험을 하나하나 통과할 때마다
꿈의 실현이 점점 더 다가옵니다.

빛의 전사를 위한 안내서

빛의 전사는
자신의 신성한 장소로 조용히 가서
믿음의 망토를 두릅니다.
믿음은 모든 공격을 막아내며
독을 수정처럼 맑은 물로 정화시킵니다.

빛의 전사를 위한 안내서

살아가며 수많은 실수를 저지른다 해도 괜찮습니다.
우리를 파괴하는 실수만 아니라면요.

베로니카, 죽기로 결심하다

'선한 싸움'을 하려는 사람이라면
세상을 무궁무진한 보물로 생각해야 합니다.
누군가에게 발견되어 소유되기를 기다리는
보물을 대하듯 해야 합니다.

순례자

친구를 보호하는 사람은
삶의 폭풍우에 압도당하지 않습니다.
어려움을 뚫고 계속 나아갈 만큼 충분히 강인합니다.

빛의 전사를 위한 안내서

내 인생은 롤러코스터,
삶은 빠르고 아찔한 게임입니다.
삶은 낙하산을 메고 뛰어내리는 것과 같아,
위험을 무릅쓰고
나동그라져도 다시 일어섭니다.
삶은 산을 오르는 것과 같아,
자기 자신의 최정상에 오르지 못하면
화가 나고 만족할 수 없게 됩니다.

11분

위험을 감수하지 않는 사람들의 눈에는
다른 사람들의 실패만 보입니다.

11분

기다림은 아픕니다. 잊는 것도 아픕니다.
그러나 가장 뼈아픈 고통은
어떤 결정을 내려야 할지 모르는 것입니다.

피에트라 강가에서 나는 울었네

위협이 온다 해도, 내가 받아들이지 않으면
아무 일도 일어나지 않습니다.

순례자

위험을 감수해야 합니다.
예상치 못한 일을 겪어보아야
삶의 기적을 올바로 이해하게 되기 때문입니다.

피에트라 강가에서 나는 울었네

꿈을 찾아 나선 마음은
결코 고통받지 않습니다.
탐구의 매 순간이
'신'과 '영원성'을 향해 내딛는
발걸음이기 때문입니다.

연금술사

얼굴에 와 닿는 빗방울을 느끼고
남자들에게 미소짓고 싶어요.
커피 한잔 하자는 남자들은 다 만나보고 싶어요.
어머니에게 입을 맞추고 싶어요.
사랑한다 말하고,
감정을 드러내는 것을 부끄럽게 느끼지 않으며
어머니 무릎에 얼굴을 묻고 흐느끼고 싶어요.
감정이란 거, 숨기려고 해봤지만
어디 가지 않더라고요.

베로니카, 죽기로 결심하다

올바른 때를 기다리는 인내심을 기르는 것.
무엇을 마주쳐도 용기를 내고 낙담하지 않는 것.
영성을 추구하는 길에서 치러야 하는
가장 어려운 시험 두 가지입니다.

베로니카, 죽기로 결심하다

빛의 전사는
삶의 기적을 이해하며,
신념을 위하여 끝까지 싸운 후
심해에서 울려나오는 종소리를 들을 수 있습니다.

빛의 전사를 위한 안내서

주의를 세심히 기울여 살펴보면,
모든 날이 다 다르다는 것을 깨닫게 됩니다.
축복은 아침의 모습을 띠고 매일 찾아옵니다.

미출간 책

절대적인 자유란 존재하지 않습니다.
다만 존재하는 것은
좋아하는 것을 선택할 자유, 그리고
그 결정을 고수할 수 있는 자유입니다.

오 자히르

열정적으로 일하세요.
낙원의 문이 열릴 것입니다.
신께로 이어지는, 사랑으로 변모하는
선택을 할 수 있을 것입니다.

단상 – '20년 동안'

빛의 전사는 전투 중
예상하지 못한 타격을 이따금 입습니다.
적과의 전쟁 중 몇 번의 전투는
지게 마련이라는 것도 깨닫습니다.
전투에 진 빛의 전사는
쓰디쓴 눈물을 흘리고
기운을 약간이나마 회복하기 위해 휴식을 취하지만,
바로 다시 꿈을 향한 싸움을 시작합니다.

빛의 전사를 위한 안내서

중요한 삶의 결정을 내리기 전에는
시간을 들여 무언가 느긋한 일을 해보는 것이
항상 도움이 됩니다.

순례자

나는 상처가 많습니다.
하지만 나의 한계를 뛰어넘으려고 시도하지 않았다면
맛보지 못했을 소중한 순간 또한 많이 기억합니다.

단상 – '행복하지 않아요'

무엇이라도 시작해보세요.
그렇게 한다면, 시간은 적이 아닌 친구가 되어줄 것입니다.

다섯 번째 산

싸움의 경험이
빛의 전사를 강인하게 만듭니다.

빛의 전사를 위한 안내서

'선한 싸움'을 하기 위해 우리는 도움이 필요합니다.
친구가 필요합니다.
친구들이 멀리 있다면
고독을 주력의 무기로 삼아야 합니다.

순례자

늘 원하는 길로 걸음을 디딜 용기를 내는 것이야말로
우리가 '신'을 믿는다는 것을 증명할
유일한 방법입니다.

브리다

빛의 전사는
감사할 것이 많다는 것을 알고 있습니다.
그가 힘겨운 싸움을 할 때는
천사들이 도와주었습니다.
천국의 군대 덕분에 모든 것이 제자리에 있었고
그래서 그가 최선을 다할 수 있었습니다.
해질녘 전사가 무릎을 꿇고
자신을 둘러싸고 있는 '보호의 외투'에 대해
감사를 드리는 것도 그런 이유에서입니다.
"그는 참 운이 좋다!"고 전우들은 말하지만
운이란, 주변을 둘러보아 벗들이 어디 있는지 아는 것임을
전사는 알고 있습니다.
천사들의 소리는 벗들의 입을 통해 들려오기 때문입니다.

오 자히르

제자는 자신을 이끄는 자의 걸음걸이를
흉내내면 안 됩니다.
삶을 바라보고 고난과 승리에 대처하는 방식이
사람마다 모두 다르기 때문입니다.
가르침이란
무언가가 가능하다는 것을
보여주는 일에 지나지 않습니다.
그리고 배움이란
자신에게 그 가능성을 열어주는 일입니다.

순례자

사람은 자신이 선택한 세계에
온전히 헌신해야 합니다.
분열된 왕국이 적의 공격에 맞설 수 없듯이
분열된 인간은
당당한 자세로 삶을 마주할 수 없습니다.

피에트라 강가에서 나는 울었네

The Mystery
신비

신은 우리에게 태양을 주시듯
우리를 불행하게 만드는 모든 것, 그것이 어떤 것이든
변하게 하는 순간을 매일 주십니다.
"예" 또는 "아니오"라는 말로
우리의 존재 전부를 바꿀 수 있는
그런 마법의 순간을 주십니다.
그런데 우리는 매일
그 순간이 보이지 않는 척, 그 순간이 존재하지 않는 척,
딴청을 피웁니다.
오늘은 어제와 같으며
내일 역시 같을 것이라고 여깁니다.
하지만, 매 순간에 세심한 주의를 기울여본 사람이라면
누구나 그 마법의 순간을 발견해낼 것입니다.
어느 날 아침 우리가 문에 열쇠를 꽂는 순간이나
저녁식사 후 잠시 조용한 순간에
그 순간이 도사리고 있을지도 모릅니다.
우리에게는 똑같아 보이는 수많은 것들 속에
숨어 있을 수도 있습니다.
마법의 순간은 존재합니다.
별의 모든 힘이 우리 안으로 흘러 들어와
기적을 행하게 하는 그 순간은, 분명히 존재합니다.

피에트라 강가에서 나는 울었네

주님은 우리의 능력으로 가능한 것만 요구하십니다.

다섯 번째 산

신은 허락만 받으면 어디에나 들어와 존재합니다.

연금술사

신은 언제나 우리에게 삶에서의 두 번째 기회를 줍니다.

피에트라 강가에서 나는 울었네

주님은, 미움을 잊게 해달라는 기도는 들으시나
사랑으로부터 달아나고 싶다는 기도에는 귀를 닫으십니다.

다섯 번째 산

우리는 도착지에 정확하게 도착합니다.
신의 손이 언제나 믿음을 가지고 자신의 길을 가는 사람들을
이끌어주기 때문입니다.

순례자

신실한 마음으로 믿음의 길을 걷는 사람은
신에게 더 가까이 다가가
기적을 행할 수 있게 됩니다.

피에트라 강가에서 나는 울었네

미래는 신의 영역,
신은 아주 특별한 상황에서만 미래를 보여줍니다.

연금술사

신을 섬기는 최고의 방법은
당신 자신의 꿈을 찾아 나서는 것입니다.
행복한 사람만이 행복을 나누어 줄 수 있습니다.

피에트라 강가에서 나는 울었네

사랑을 행하세요. 신에게로 뛰어드는 최고의 방법입니다.

브리다

신의 결정은 언제나 신비하여 이해할 수 없지만,
언제나 우리 편입니다.

마크툽

보이는 세계에 신이 현현(顯現)한 것이 '육체'입니다.

브리다

신은 만물을 통해 모습을 드러내지만,
특히 '말'을 사용하기를 좋아합니다.
'말'은 주파수가 맞추어진 '생각'이기 때문입니다.
'말'이야말로
그 어떤 의식(儀式)보다 강력한 힘을 가지고 있습니다.

브리다

예스. 사랑. 신.
이 소소한 단어들이야말로 모든 언어에서 가장 중요한 단어임을
전사는 알고 있습니다.
이 세 가지 말은, 말하기 쉬우면서도
광대한 빈 공간을 채워주는 단어입니다.

빛의 전사를 위한 안내서

신에게 닿을 수 있는 가장 가까운 길은
기도라는 것을 기억하세요.
두 번째로 가까운 길은 기쁨입니다.

브리다

당신이 신의 얼굴을 보고 싶어 한다면
어디에서든지 신을 보게 될 것입니다.

순례자

어려움이 삶을 침범하는데도
우리가 아무것도 할 수 없는 때가 있습니다.
어려움이 찾아온 데는 이유가 있습니다.
하지만 어려움을 극복한 후에야
우리는 그 이유를 알게 될 것입니다.

다섯 번째 산

빛의 전사는
직관이 신의 글자임을 압니다.
그는 바람의 소리에 계속 귀를 기울이고
별들과 끊임없이 이야기를 나눕니다.

빛의 전사를 위한 안내서

모든 에너지와 모든 지식은,
우리가 보통 '신'이라 부르는
알 수 없는 하나의 원천으로부터 나옵니다.

오 자히르

가슴에서 느끼는 것을 말할 수 있는
용기를 가진 사람은 모두
신과 닿아 있습니다.

딘상 – '나무와 그 열매'

신은 모든 사람의 손에 재능이라는 선물을 쥐어줍니다.
그 선물은 신이 자신의 모습을 세상에 드러내고
인류를 돕는 도구입니다.

브리다

신은, 누군가를 괴롭혀 화나게 하고 싶을 때
그 사람의 소망을 모두 이루어주는 장난을 칩니다.

발키리스

이상적인 순간을 기다리다가는
빛의 전사는 길을 나서지 못할 것입니다.
다음 발걸음을 내딛기 위해서는
약간의 광기가 필요합니다.

빛의 전사를 위한 안내서

우리는 혼자가 아닙니다.
세상은 변하고 있고,
우리는 그 변화의 한 부분입니다.
천사들이 우리를 인도하고 보호해줍니다.

발키리스

아직 알지 못하는 것에 대해 두려워해서는 안 됩니다.
왜냐하면 모든 사람은
자신이 원하고 필요로 하는 모든 것을
이루어낼 능력을 가지고 있기 때문입니다.

연금술사

속박받지 않고 자유로이 피어난
사랑의 힘을 따르지 않고,
내가 상상하는 방식으로
다른 사람이 나를 사랑해주기를 원할 때
고통이 솟아납니다.

오 자히르

빛의 전사는
자신이 진정으로 의지할 수 있는 것을 구축하려고 하는데,
믿음, 희망, 사랑, 이 세 가지는
잊지 않고 항상 마음에 품고 다닙니다.

빛의 전사를 위한 안내서

우리를 앞으로 나아가게 하는 것은 설명이 아니라
더 멀리 가고자 하는 우리의 의지입니다.

브리다

잃을 것이 없었을 때,
모든 것을 가졌습니다.
나 자신이기를 멈추었을 때,
나 자신을 찾았습니다.

11분

자기 마음으로부터 도망칠 수 있는 사람은 없습니다.
그러니 마음의 소리를 따르세요.
그렇게 하면 예기치 못한 타격을 입게 될 일은
없을 것입니다.

연금술사

옮긴이 이수영
고려대학교 경영대학을 졸업하고 현재 EBS 강사 및 도서 기획편집자로
활발하게 활동하고 있다. 40권이 넘는 도서를 기획, 출간했으며
저서로는 『스피드 리딩-영어 원서를 한글책처럼 읽는 기술』이 있다.

라이프

1판 1쇄 2012년 2월 1일
1판 3쇄 2016년 12월 28일

지은이 파울로 코엘료
엮은이 마르시아 보텔료
옮긴이 이수영
펴낸이 김정순
디자인 김진영 모희정
마케팅 김보미 임정진 전선경

펴낸곳   (주)북하우스 퍼블리셔스
출판등록 1997년 9월 23일 (제406-2003-055호)
주소   04043 서울시 마포구 양화로 12길 16-9(서교동) 북앤빌딩
전자메일 editor@bookhouse.co.kr
홈페이지 www.bookhouse.co.kr
전화 02-3144-3123
팩스 02-3144-3121

ISBN 978-89-5605-573-2 03180

이 도서의 국립중앙도서관 출판예정도서목록(CIP)은 서지정보유통지원시스템
홈페이지(http://seoji.nl.go.kr)와 국가자료공동목록시스템(http://www.nl.go.kr/kolisnet)에서
이용하실 수 있습니다.(CIP 제어번호 : CIP 2012000678)